INDUSTRIE, COMMERCE

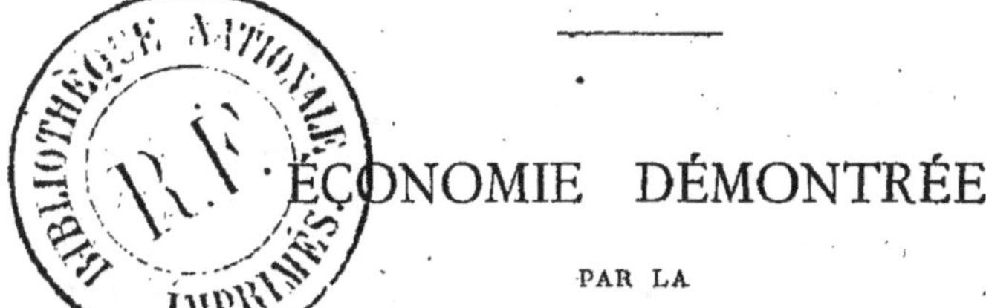

ÉCONOMIE DÉMONTRÉE

PAR LA

SUPPRESSION DE LA FAILLITE

De **300** Millions

DE PERTES ANNUELLES SUBIES PAR LE COMMERCE

A MM. les Voyageurs et Représentants de Commerce

Nuls mieux que vous, Méssieurs, par suite de vos relations constantes et souvent intimes avec les clients des maisons que vous représentez, ne sont plus aptes à juger de l'opportunité des réformes discutées dans cette brochure. — L'auteur vous en soumet l'appréciation.

PRIX : **30** CENTIMES

En vente chez les principaux Libraires

PARIS

IMPRIMERIE BERNARD JEUNE

9, Rue de la Fidélité, 9

1880

INDUSTRIE, COMMERCE

ÉCONOMIE DÉMONTRÉE

PAR LA

SUPPRESSION DE LA FAILLITE

De **300** Millions

DE PERTES ANNUELLES SUBIES PAR LE COMMERCE

A MM. les Voyageurs et Représentants de Commerce

Nuls mieux que vous, Messieurs, par suite de vos relations constantes et souvent intimes avec les clients des maisons que vous représentez, ne sont plus aptes à juger de l'opportunité des réformes discutées dans cette brochure. — L'auteur vous en soumet l'appréciation.

PRIX : **30** CENTIMES

En vente chez les principaux Libraires

PARIS

IMPRIMERIE BERNARD JEUNE

9, Rue de la Fidélité, 9

1880

AUX LECTEURS

L'idée première de ce travail m'a été suggérée dès 1874.
L'hostilité systématique à toute réforme de la Chambre d'alors
m'a empêché d'y donner suite. Aujourd'hui que les temps sont
changés, j'ai exhumé mon œuvre, en y faisant les modifications
exigées par l'actualité.

Depuis quatre-vingts ans, le commerce vit sous l'empire d'une
loi mal pondérée et d'une économie défectueuse. Je crois faire
œuvre utile en en signalant les défauts, et en en demandant l'a-
brogation.

Il s'agit du Code de commerce en ce qui concerne les faillites, et de la loi électorale en ce qui touche les faillis. Avant
de livrer cette brochure à la publicité, j'ai cru devoir consulter
les hommes recommandables par leur position et leur compé-
tence. Leurs réponses ont été aussi sympathiques qu'encoura-
geantes. Un sentiment de haute convenance ne me permet pas
de les nommer; mais je ne pense pas être indiscret en rappor-
tant des extraits de quelques unes de ces lettres.

M. X..., *publiciste, et un des plus écoutés*. — « Nous avons
lû avec intérêt vos observations sur la faillite, et nous avons
été heureux de trouver vos idées en concordance avec les
nôtres, etc., etc. »

M. X..., *député*. — « J'ai eu l'honneur, monsieur, de recevoir
votre travail et je vous assure qu'il en sera tenu compte, etc. »

M. X..., *sénateur*. — « J'ai lu avec beaucoup d'intérêt l'écrit
que vous m'avez adressé et qui expose la situation faite aux
faillis par la législation actuelle. Je pense comme vous, etc. »

M. X..., *député*. — « J'ai reçu l'écrit que vous m'avez
adressé; comptez sur mon plus sérieux examen, etc., etc. »

M. X..., *économiste, ancien député, lettre du 15 mars 1874* — « Votre travail mérite, à tous égards, de fixer l'attention des hommes compétents ; comptez sur moi, etc., etc. »

M. X..., *chef d'une des plus importantes maisons de commerce de Paris.* — « Je viens de lire avec un sensible plaisir votre travail sur la faillite, et, comme la rédaction du journal X... et M. X..., j'approuve entièrement vos idées et votre manière de voir à ce sujet, etc., etc. »

M. X..., *sénateur.* — « J'ai lû avec un vif intérêt votre travail, etc., etc. »

M. X..., *docteur ès-sciences, député.* — « Je vous remercie de l'envoi de votre intéressant travail. Je me propose de l'examiner avec soins, car la question est importante, etc. »

M. X..., *sénateur, historien.* — « J'ai recu votre travail sur les faillites, qui m'a paru très digne d'être pris en sérieuses considérations, et dont je vous remercie, etc., etc. »

Désireux d'être lu, j'ai dû me remfermer dans d'étroites limites, et dire beaucoup en peu de mots.

Je me suis attaché principalement a traiter la question humanitaire, besogne facile pour quiconque a du cœur et le sentiment inné du juste ; quand à la question juridique de transformation du Code de commerce, touchant la faillite, il m'a semblé téméraire d'en aborder la discussion à fond ; je me suis donc restreint à n'en parler que d'une façon sommaire et pour ainsi dire incidente. J'espère néanmoins que les quelques jalons que j'ai posés, et les points de repère que j'ai indiqués, pourront être utilisés lorsque les Chambres seront saisies de cet important travail.

PROPOSITION DE RÉFORME

DU CODE DE COMMERCE ET DE LA LOI ÉLECTORALE

—

La nation, en rompant avec le passé, en se donnant des institutions nouvelles, en se proclamant majeure, à usé d'un droit sacré, primordial : l'affirmation de son autonomie; elle a aussi assumé une grande responsabilité, c'est d'assurer aux générations futures la plus forte somme de bonheur et d'indépendance compatible avec notre organisme.

La République, née d'hier, a cette chance heureuse d'être dirigée par des hommes de hautes capacités, et d'un patriotisme incontestable ; ils savent qu'ils sont tenus à d'autant plus de prudence, que la responsabilité dont je viens de parler leur incombe pour partie. Rendons-leur cette justice, qu'aussitôt au pouvoir et sous la haute initiative du plus respecté des hommes, ils se sont mis à l'œuvre en inangurant avec autant de tact que d'énergie, une ère de progrès et de réformes utiles. Parmi celles-ci, il en est une — qui fait l'objet de ce travail — qui a selon nous une importance telle qu'elle atteint presque la hauteur d'une question d'ordre public.

Un article de la loi électorale frappe d'indignité les voleurs... et les faillis : Cet espèce d'ostracisme pouvait avoir sa raison d'être il y a un siècle, ce que je n'ai pas à discuter ; mais aujourd'hui il n'est plus qu'une sorte d'anachronisme, eu égard au malaise général qui pèse sur les affaires, et dont les causes sont multiples et complexes. Le patrosisme éclairé de nos gouvernants saura mettre une terme à cet état de choses, dont dès aujourd'hui on peut entrevoir la fin.

Un seul rapprochement à propos de ce scandaleux accouplement des voleurs et des faillis : le Code pénal inflige au voleur une condamnation qui entraîne la dégradation civique ; mais la loi lui laisse la possibilité de se réhabiliter.

Le Code de commerce édicte la mise en faillite, et comme conséquence, la radiation du failli des listes électorales, mais ne lui laisse pas l'espoir sérieux de reconquérir ses droits politiques, à moins d'un concours de circonstances et de spéculations toujours heureuses, qui lui permettent de réaliser assez de bénéfices pour désintéresser intégralement ses créanciers ; d'où il suit que la loi laisse la porte ouverte, et traite en enfant gâté le voleur repentant, tandis qu'elle est impitoyable pour l'industriel malheureux, et dont la loyauté ne saurait être mise en doute, puisque s'il en était autrement, *ce ne serait plus un failli, mais un banqueroutier frauduleux.*

Où donc se trouve ici cette justice distributive, dont législateurs et magistrats devraient être fiers ?... Je n'y vois, quant à moi, qu'un flagrant déni de justice.

Jusque alors, peu de voix se sont élevées contre l'illogisme que l'article précité comporte. Les malheureux qu'il frappe acceptent la position comme un fait accompli, et courbent le front devant une rigueur trop souvent imméritée.

Les observations que je vais soumettre, ne sauraient l'être dans un moment plus opportun, puisque une commission spéciale est chargée d'élaborer les modifications à apporter à la loi électorale.

Comme tout ce qui tend à combattre les abus sanctionnés par la routine, je ne me dissimule pas que des difficultés pourront surgir, mais la tâche que je me suis imposée ayant un but éminemment moral et réparateur, j'ai l'espoir d'être appuyé *par toute la presse,* ainsi que par ceux qui, désintéressés aujourd'hui, peuvent demain être victimes.

Inutile de dire que je ne me pose en défenseur des voleurs, non plus que des misérables qui font de la faillite une affaire de spéculation ; à ceux-là tout notre mépris et toutes les rigueurs de la loi ; mais aux autres, à ceux dont l'honnêteté est notoire, et qui ne sont que victimes, soit de spéculations malheureuses, soit des pertes qu'ils n'ont pu prévoir, soit d'évènements qu'ils n'ont pu conjurer, à eux, dis-je, toute la sympathie des gens de bien. Il faut toutefois reconnaître que si parmi les faillis il en est beaucoup d'honnêtes, il en est aussi beaucoup dont la conscience capitule et cède à une sorte d'affaissement moral, qui, somme toute, s'il n'est pas excusable, ne manque pas de logique ; et en effet, du moment qu'il ne peuvent échapper à la déconsidération ils entendent, à tort, bien entendu, tirer du naufrage le plus d'épaves possible.

L'homme qui résiste à cette tentation est assurément un modèle d'honneur et de probité commerciale !

Cet exorde était nécessaire pour l'intelligence de ce qui va suivre, et afin que ma pensée ne fût pas dénaturée.

Le code de commerce exige de la part des industriels un inventaire annuel qui établisse leur position exacte. Cette exigence du législateur est assurément fort sage, puisqu'elle oblige implicitement ceux dont les affaires sont dans un état précaire, à s'arrêter assez à temps pour éviter un désastre complet. Dans cette hypothèse, ils doivent suspendre leurs opérations et déposer leur bilan, afin de sauvegarder, dans la mesure du possible, les intérêts de leurs créanciers. Mais ici se dresse un obstacle insurmontable, et que seuls les hommes qui font peu de cas de leur dignité peuvent franchir... ceci n'est point un paradoxe, c'est une vérité, et je vais le prouver... La loi donne-t-elle au commerçant gêné la *possibilité morale* d'accomplir cet acte d'abnégation: le dépôt du bilan? Evidemment non! Et, en effet, si après ce dépôt il avait la faculté de solliciter un concordat amiable, c'est-à-dire de faire avant et sans frais ce que l'on fait presque toujours après, mais avec des frais considérables qui absorbent la portion la plus claire de l'actif, ce serait logique et rationnel, de nombreuses catastrophes seraient évitées, et la fortune publique atteinte dans une proportion relativement insignifiante... (1) Mais il n'en est pas ainsi; après le dépôt du bilan, c'est la faillite et la dégradation, avec ses phases douloureuses et poignantes !

Le failli est-il donc fatalement un malhonnête homme ? La loi dit OUI... la logique et le bon sens disent NON...

---

(1) Plus alors de ces arrangements dits « sous la cheminée » où les plus adroits, se font la part du lion au détriment de leurs co-créanciers moins exigeants.

Certains casuistes, disciples d'Escobar, le sourire aux lèvres et la bouche en cœur, pourront nous objecter que le failli n'est pas frappé d'indignité, mais seulement d'incapacité. Nous ne connaissons pas ces subtilités de langage; un chat est un chat et Tartufe un fourbe; nous ne voyons que le fait positif et réel, c'est-à-dire un homme, réputé honnête, mis au niveau et même au-dessous d'un voleur.

L'homme de cœur ne saurait accepter une semblable position; il doit lutter, c'est son droit; c'est plus que son droit, c'est son devoir.

A moins d'en avoir été témoin, nul ne peut connaître le secret de ces drames intimes qui commencent par la gêne pour aboutir à la faillite. En effet, la position du commerçant gêné ne donnant plus qu'une garantie morale, il lui faut subir les exigences de ces banquiers interlopes, avides vampires qui absorbent le fruit de son travail (1). Mais bientôt, comme un glas funèbre, le fatal quart-d'heure vient à sonner, non pas toujours par la volonté des créanciers, mais très souvent par le fait d'intermédiaires peu soucieux des intérêts de leurs mandants. On constate alors que l'affaire qui, primitivement, aurait donné un résultat satisfaisant, est devenue presque négative par la suite de frais excessifs.

Une anomalie d'une autorité brutale démontre toute l'insa-

---

(1) Chacun de nous a connu quelques-uns de ces types hideux, puant l'usure, aux vêtements sordides et dignes du pinceau de Callot — étouffant tout sentiment d'amitié ou de famille, et disparaissant comme ils ont vécu, sans faire tomber une larme et sans laisser un regret; d'autres, grossiers, insolents et jouant cyniquement avec le mépris qu'ils inspirent.

Ces misérables, qui sont aux travailleurs — qui travaillent — ce que le phylloxera est à la vigne, et que l'autorité, soucieuse de ses devoirs, pourchasse comme des bêtes malfaisantes, sont la cause principale de la ruine du petit commerce et de la petite industrie. Il est un moyen parfaitement pratique de faire lâcher prise à ces flibustiers, de débarrasser le pays, de cette vermine qui le ronge, et le moyen le voici : Le gouvernement ne pourrait-il pas créer, dans chaque chef-lieu de canton, des établissements de crédit qui, sous le nom de Banque démocratique, viendraient en aide aux nécessiteux, pourvu qu'ils soient probes, laborieux et intelligent ?

nité de l'article susdit. Un décret de septembre 1870 impose au failli l'obligation de faire partie de la garde nationale. D'où il résulte qu'appelé à monter la garde à la porte d'une salle où se font les élections, il doit rester en *dehors* de cette salle, et non pas en *dedans*... il n'est pas électeur !!!

Un exemple, entre mille, des terribles effets que peut avoir cette loi maudite : Il y a quelques années, un industriel du Nord, dont le nom m'échappe, était à la tête d'une maison qui prospérait grâce à son activité et à son intelligence. Il avait déposé, chez un banquier réputé honnête, une somme assez importante destinée à faire face à des paiements ultérieurs. Lorsque, tout à coup, le banquier suspend ses paiements, dépose son bilan, la faillite est déclarée et, grâce à de ténébreux tripotages, obtient un concordat à 10 ou 15 pour 100 — excellente opération, se dit-il en se frottant les mains !... mais l'industriel fut ruiné, son crédit anéanti; il tombe malade et meurt... Voici maintenant l'épilogue du drame : Un créancier exigea, *la loi en mains*, du tribunal, qui *ne pouvait s'y refuser*, la mise en faillite de la succession ; de manière que le stigmate dut être posé sur le front d'un cadavre.

Presque chaque jour, nous lisons dans les journaux un entrefilet ainsi conçu : « M. X... banquier, est en fuite, et laisse un « passif, dit-on, très considérable; plusieurs maisons de notre « place, atteintes par ce sinistre, vont être, paraît-il, dans la « nécessité de suspendre leurs opérations. »

Et c'est tout !... pas un mot de sympathique intérêt pour les malheureux dont un fripon emporte la fortune et l'honneur.

Ici une courte digression. — « Il appartient à la République « démocratique, gardienne et conservatrice de la dignité des « citoyens, de déraciner et détruire ce préjugé absurde qui « consiste à subordonner l'honneur d'un galant homme à la « fragile et hypothétique vertu de certaines femmes, ainsi qu'à « la bonne foi d'exploiteurs sans vergogne. »

Encore un mot sur ce chapitre : supposons (ce qui arrive chaque jour) deux déconfitures en présence; l'une, représentée par Pierre, se termine après faillite par un concordat à 80 ou 90 pour 100, c'est-à-dire sans perte réelle pour ses créanciers;

mais il n'en subi pas moins toutes les conséquences de la faillite. L'autre, représentée par Paul, s'arrange à l'amiable, grâce à l'intervention de parents ou amis, lesquels offrent aux créanciers un dividende dérisoire de 4 ou 5 pour 100, et que ceux-ci se gardent bien de refuser — l'actif faisant absolument défaut !

Ceci est tout simplement un scandale ; car, enfin, si Pierre est coupable, Paul l'est beaucoup plus ; et cependant l'un est frappé, l'autre ne l'est pas !

Cette hypothèse admise, nous nous trouvons eu présence d'un de ces cas où le ministère public devrait, dans l'intérêt de la vindicte, provoquer d'office la mise en faillite.

Afin de donner plus de force à nos arguments, nous avons ouvert le Code de commerce, livre III, et nous en avons extrait les articles suivants qui nous paraissent susceptibles d'une critique trop bien fondée.

Art. 8. — Tout commerçant est tenu d'avoir un livre journal et un copié de lettres dûment paraphés par le président du tribunal, sous peine d'être déclaré banqueroutier simple en cas de faillite.

Nul, dit un axiome de jurisprudence, « n'est censé ignorer la loi. »

La loi ne saurait exiger de citoyens illettrés et que, par parenthèse, le devoir de la société était de faire instruire, un travail qui demande des connaissances spéciales et un degré d'instruction plus qu'élémentaire.

Comment, en effet, pourrait-on soutenir le bien fondé de cet axiome, lorsque chaque jour nous voyons les jurisconsultes les plus éminents (Cour de cassation) se partager sur la solution de questions absolument identiques et similaires.

Art. 437. — Tout commerçant qui cesse ses paiements est en état de faillite.

Le protêt, faute de paiement d'une valeur non acceptée, constitue-t-il une cessation de paiement ? Oui, l'état de faillite existe, si non de fait, au moins de droit. Or, il peut arriver que, par suite d'une circonstance toute fortuite, un négociant, bien au-dessus de ses affaires, se trouve dans l'impossibilité absolue de faire face à sa signature, d'où protêt. Eh bien ! supposons cet individu respectueux de la loi jusqu'au fanatisme, il devra, alors, déposer son bilan dans les trois jours qui suivront la pseudo-cessation de paiement, à moins de courir le risque de poursuites en banqueroute simple, par application de l'article 586.

L'article 585, banqueroute simple, dit : « Seront (et non pas pourront être) déclarés banqueroutiers simples, ceux dont les dépenses de maison ou personnelles seront jugées exagérées. »

Je suis parfaitement de l'avis du législateur ; cependant, si le genre de commerce oblige le négociant à de fréquentes absences qui le mettent dans l'impossibilité de surveiller *de visu* ce qui se passe au siège de sa maison, la culpabilité sera alors de beaucoup amoindrie. Sans doute il pourrait se faire remplacer par une personne de confiance... C'est peut-être le cas de citer un mot d'un de nos plus spirituels auteurs contemporains (Frédéric Soulié, je crois) :

« *Cherchez la femme* »

En effet, le négociant dont je parle ne saurait mieux confier ses intérêts qu'à sa femme ; mais si la femme est jeune, coquette, aime les atours, la toilette, ce qui, du reste, n'exclut ni la vertu ni la sagesse,

Honni soit qui mal y pense !

et si ces dépenses sont de beaucoup supérieures aux bénéfices que peut faire le mari et amènent une catastrophe, *où sera le coupable ?* Il est bien entendu que le législateur n'a voulu atteindre le crime ou le délit que dans la personne de celui qui l'a commis ; or, on ne saurait rendre responsable le mari de la mauvaise gestion de sa femme, *et la femme vous échappe !*

Nous avons souligné, et pour cause, les mots *seront déclarés*, etc. Ils sont en effet une sorte de mise en demeure de par la loi au ministère public de poursuivre quand même ; s'il ne poursuit pas, il manque à son devoir, il désobéit à la loi, lui le représentant de la loi. Si au contraire il poursuit, sa conscience de magistrat proteste contre la pression qui lui est imposée.

Art. 516. — *Effets du concordat.*

L'homologation du concordat le rendra obligatoire pour tous les créanciers PORTÉS ou NON au bilan, VÉRIFIÉS ou NON vérifiés.

Ici, pas d'équivoque, et c'est parce qu'il n'y a pas d'équivoque possible, que cet article laisse à la fraude une porte largement ouverte, et voici comment. — Nous raisonnons, bien entendu, dans l'hypothèse du failli malhonnête. Prévoyant à jour fixe sa déchéance, il s'est pourvu à l'avance de marchandises pour un chiffre relativement considérable près de producteurs ou manufacturiers demeurant au loin; il a négligé intentionnellement de porter ces opérations à son passif. Le prix de ces marchandises a été réglé par billets dont l'échéance dépasse le terme normal pour l'accomplissement des formalités de la faillite, du concordat et de son homologation; de manière que lorsque arrive cette échéance, le failli, redevenu libre et maître de sa position, refuse le paiement, arguant du bénéfice du concordat qui a suivi la mise en faillite. Ici s'établit le colloque suivant entre l'escroc et sa victime:

Le créancier.— Mais je n'ai été ni prévenu ni convoqué; on ne peut donc m'imposer l'obligation de subir les conditions d'un arrangement auquel je n'ai pu participer.

Le débiteur.— C'est une erreur; voyez l'article 516 du Code qui dit ceci: « *Le concordat est obligatoire pour tous les créanciers portés ou non portés au bilan, vérifiés ou non vérifiés.* » A la vérité, j'ai pu oublier de vous compter parmi ceux-ci; mais cela importe peu! Au surplus, vous avez dû être prévenu par le publicité donnée par le journal de ma localité.

Le créancier. — Mais cette soi-disant publicité est une dérision, pour ne pas la qualifier autrement: est-ce qu'on lit à Marseille les journaux de Dunkerque!

Le débiteur. — Je le regrette infiniment, cher monsieur, mais il faut en passer par là : la loi est pour moi. Vous pouvez cependant concourir à la répartition des dividendes en vous y faisant autoriser par jugement du tribunal de commerce et à vos frais, bien entendu.

Le créancier. — Mais c'est une indignité, vous êtes un fripon.

Le débiteur. — Pas de gros mots, je vous prie ; je suis un honnête homme de par mon concordat, de par son homologation et de par la loi ; lisez l'article 518, il dit textuellement : « *Qu'aucune action en nullité de concordat ne sera admise après l'homologation que pour cause de dol découvert après cette homologation, et résultant, soit de la dissimulation de l'actif, soit de l'exagération du passif.* » Voilà les deux seuls cas prévus ; or, comme je n'ai pas dissimulé mon actif, ni exagéré mon passif, vous voyez, cher monsieur, que je ne tombe pas sous l'application de la loi pénale.

Voilà donc un effronté coquin, qui peut inpunément voler une partie de ses créanciers, la loi étant désarmée contre lui.

Y a-t-il un moyen d'éviter de pareils scandales ? Peut-être ! Essayons :

Nous ne voulons pas faire de récrimination rétrospective ; disons toutefois, et cela est incontestable, que les gouvernements passés, notamment le gouvernement de Juillet et celui de l'Empire, ont légué à la génération actuelle des principes que la morale répudie : le gouvernement de Juillet, par la corruption et la passion du luxe même mal acquis, et le gouvernement de l'Empire en préconisant le matérialisme et en achetant sa popularité par la satisfaction des appétits grossiers et sensuels, sans se préocuper des conséquences mortelles qu'un pareil système devait amener.

Or ceci admis, et nul ne le contestera, que l'esprit public a dû se trouver quelque peu faussé et que la notion du bien et du mal a dû en souffrir, il arrive souvent, très souvent, trop souvent que des personnes jouissant d'une parfaite honorabilité en se croyant elles-mêmes très honorables, se prêtent à de coupables complaisances, en aidant au détournement et même et recellant des marchandises appartenant à des négociants sous le coup d'une mise en faillite. Presque toujours ces faits sont connus et notoires, et cependant l'autorité reste inactive. Si au lieu de cette regrettable insouciance, le ministère public procédait à de sérieuses enquêtes, il est certain que sur dix coupables il en atteindrait huit, lesquels seraient poursuivis et condannés à des peines qui ne sauraient être excessives; à ceci, que l'on ajoute la rétroactivité de la loi pénale, de manière à atteindre la fraude sans en spécifier les cas, quelques exemples suffiraient pour enrayer le mal, et chacun y trouverait son compte, le commerce d'abord et l'honnêteté ensuite.

Nul ne contestera qu'actuellement les commerçants et industriels supportent le fardeau le plus lourd des impôts. Je ne saurais définir leur position que par cette métaphore : chargés de remplir cette sorte de tonneau des filles de Danaüs, qui s'appelle le Budget, chacun fait de son mieux et s'évertue; mais si l'un ou l'autre vient à broncher, la loi impitoyable le voue aux gémonies, en le laissant passer sous les fourches patibulaires de la méchanceté publique, et le chasse ensuite comme un paria du sein de la société (1).

Telle est la vérité vraie et qui défie toute contradiction sérieuse.

La pondération des lois d'organisation sociale et leur application normale doivent nécessairement subir les modifications qui leur sont imposées par la transformation des mœurs, la civilisation et le progrès. Or, je crois avoir démontré que l'article qui frappe d'indignité ou d'incapacité les faillis doit être rayé de la loi électorale. Nous ne ferions du reste que suivre les traditions de l'Angleterre et des États-Unis, nos maîtres en fait de jurisprudence et de philosophie commerciale.

Je vais plus loin dans mon argumentation : il ne devrait plus y avoir de faillis, mais seulement des industriels malheureux et dignes d'intérêt ou des banqueroutiers. Sans doute, une pareille transformation comporterait une réforme radicale du Code de

---

(1) Les cercles étant fermés aux faillis, même concordataires, l'exécution est ainsi complète, et le qualificatif *paria* n'a donc rien d'excessif.

commerce en ce qui touche la faillite ; mais pourquoi pas cette réforme, si la concience publique proteste contre des errements surannés, et si elle profite à la morale et aux intérêts bien entendus de tous ?

Tout en laissant à d'autres plus compétents et surtout plus autorisés, le soin de réédifier une nouvelle jurisprudence, qu'il me soit permis de consigner ici les idées qui me sont personnelles :

Dès lors qu'après inventaire, le commerçant aura pu constater que sa position ne lui permet plus de continuer ses affaires, il devra déposer son bilan. Le tribunal-nommera un administrateur qui, sous le titre de syndic, et avec le concours passif du déposant, prendra telles mesures qu'il jugera convenable dans l'intérêt des créanciers, soit en continuant les opérations de commerce ou de fabrication, soit en les suspendant jusqu'à la réunion à bref délai qui sera immédiatement provoquée. Sans désemparer, le ministère public, d'accord avec le juge-commissaire, ordonnera une enquête à cette fin de connaître les motifs qui ont amené la déconfiture ; un rapport circonstancié sera présenté à la réunion, et si de ce rapport résulte la preuve qu'aucun reproche sérieux ne peut être adressé au déposant, il sera reconnu excusable, sauf l'approbation du tribunal. Les intéressés décideront dans quelles conditions leur débiteur pourra se libérer, et, en cas d'incapacité ou d'impossibilité de la part de ce dernier, ils se constitueront en état d'union, mais en laissant intact l'honneur de celui-ci. Si, au contraire, il est démontré qu'il s'est rendu coupables de détournements ou de prévarications, il sera déféré à la justice criminelle et poursuivi comme banqueroutier frauduleux.

Nous pensons que toute l'économie de la loi à venir devrait reposer sur cette idée, que les intérêts du créancier et du débiteur sont absolument connexes sans être identiques, puisque, s'il est du devoir de ce dernier de ne rien négliger pour rendre sa position moins mauvaise, il est aussi du devoir du créancier d'aider, dans une sage mesure, son client malheureux.

Il est un principe dont on ne saurait se départir : c'est que le concordataire n'en reste pas moins moralement débiteur jusqu'à sa libération intégrale. Aussi, tout en conservant au concordat sa conséquence légale, on pourrait, dans chaque arrondissement, établir une sorte de jury d'honneur qui serait juge du maintien ou du retrait de la capacité électorale. A cet effet, et à des périodes déterminées, le bénéficiaire serait invité à rendre compte du résultat de ses nouvelles opérations, et s'il était démontré qu'il a réalisé de beaux bénéfices ou recueilli des successions, il serait invité à en distraire une portion qui serait distribuée à ses créanciers au prorata de leurs créances, et, en cas de refus, il serait purement et simplement rayé des listes électorales. Cette radiation motivée serait affichée dans la salle des séances du tribunal de commerce et insérée dans les journaux de la localité.

CONCLUSION

On peut évaluer, sans exagération, à plusieurs centaines de millions le chiffre annuel des sinistres commerciaux; perte sèche et sans compensation aucune, même pas en faveur du fisc; et en fût-il autrement, le fisc dût-il profiter de ses tristes épaves, que je dirais encore qu'il est toujours regrettable pour un gouvernement de faire fonds sur la misère publique pour équilibrer son budget, et j'ajoute, qu'en principe, l'impôt ne devrait frapper que le superflu, c'est-à-dire en dehors des besoins physiques et matériels de la masse... Ici, je m'arrête ne voulant pas pousser plus loin mes investigations en matière d'économie sociale.

Confiant dans l'esprit aussi élevé qu'impartial de nos législateurs, je ne doute pas que ce qui précède ne soit pris en sérieuse considération, et si, par impossible, le Sénat ou la Chambre ne possédaient pas les éléments nécessaires pour fixer leur jugement, les chambres de commerce pourraient être consultées et leur approbation lèverait tous les doutes et les scrupules.

2875 — Paris. — Imprimerie Bernard, 9, rue de la Fidélité.

JUSTICE ÉGALE ET RATIONNELLE POUR TOUS

BASÉE SUR L'ÉQUITÉ

GUERRE A CERTAINS PRÉJUGÉS

Tels sont les principes posés dans cette brochure